Bibliografische Information der Deutschen Nationalbibliothek:

Die Deutsche Bibliothek verzeichnet diese Publikation in der Deutschen National-bibliografie; detaillierte bibliografische Daten sind im Internet über http://dnb.d-nb.de/ abrufbar.

Impressum:

Copyright © 2016 GRIN Verlag, Open Publishing GmbH
Druck und Bindung: Books on Demand GmbH, Norderstedt Germany
ISBN: 9783668235250

Dieses Buch bei GRIN:

http://www.grin.com/de/e-book/324320/grundlagen-der-mitarbeiterbeurteilung-fuer-fuehrungskraefte-vorbereitung

Bernd Dieschburg

Grundlagen der Mitarbeiterbeurteilung für Führungskräfte. Vorbereitung, Durchführung und Nachbereitung strukturierter Mitarbeitergespräche

GRIN Verlag

GRIN - Your knowledge has value

Der GRIN Verlag publiziert seit 1998 wissenschaftliche Arbeiten von Studenten, Hochschullehrern und anderen Akademikern als eBook und gedrucktes Buch. Die Verlagswebsite www.grin.com ist die ideale Plattform zur Veröffentlichung von Hausarbeiten, Abschlussarbeiten, wissenschaftlichen Aufsätzen, Dissertationen und Fachbüchern.

Besuchen Sie uns im Internet:

http://www.grin.com/

http://www.facebook.com/grincom

http://www.twitter.com/grin_com

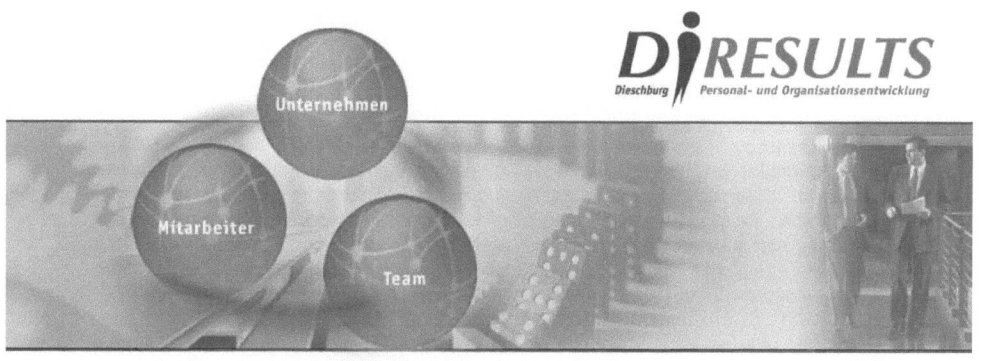

Grundlagen der Mitarbeiterbeurteilung

Personal- und Organisationsentwicklung
Menschen nachhaltig und wirkungsvoll in Organisationen erfolgreich machen

Inhaltliche Übersicht

1 Grundlagen zum Mitarbeitergespräch bzw. Mitarbeiterbeurteilung

2 Grundlagen für eine aussagekräftige Leistungsbeurteilung

3 Vorbereitung der Mitarbeiterbeurteilung

4 Durchführung von Mitarbeitergesprächen

5 Lob und Anerkennung

6 Konstruktive Kritik

7 Nachbereitung des Mitarbeitergespräches

8 Umgang mit kritischen Gesprächssituationen

1 **Grundlagen zum Mitarbeitergespräch bzw. zur Mitarbeiterbeurteilung: Allgemeine Hintergründe (1)**

☞ Im Gegensatz zu Gesprächen, die aus tagesaktuellen Anlässen stattfinden, ist das Mitarbeitergespräch geplant und inhaltlich von den Gesprächspartnern, der Führungskraft und seinem Mitarbeiter vorbereitet. Seine Ziele lassen sich mit »Bilanz ziehen« und »Zukunft planen« umschreiben. So dient es zum einen, die Ergebnisse des vergangenen Arbeitszeitraums zu bewerten, zum anderen, neue Ziele und Aufgaben zu vereinbaren, die Weiterentwicklung des Mitarbeiters zu planen, seinen Entscheidungs- und Handlungsspielraum festzulegen und Möglichkeiten zur Verbesserung der Zusammenarbeit zu eruieren.

☞ Angesichts einer zunehmenden Spezialisierung in ihren Tätigkeitsbereichen sind Mitarbeiter immer mehr darauf angewiesen, ihren Arbeitsplatz selbst zu managen und selbständig zu handeln. Dieses Instrument gewinnt deshalb zunehmend dort an Bedeutung, wo der Handlungs- und Verantwortungsspielraum bei der Umsetzung von Aufgaben wächst. Es ermöglicht einen besseren Informationsaustausch und klare Zielvereinbarungen, fördert die Selbständigkeit und Eigenverantwortung der Mitarbeiter, lässt ihre berufliche Weiterentwicklung gezielt planen und hilft, die Zusammenarbeit insgesamt zu verbessern.

☞ Idealerweise sollten Mitarbeitergespräche, ausgehend vom Vorstand bzw. der Geschäftsleitung, alle Mitarbeiterebenen durchlaufen, um transparent zu vermitteln, welchen Beitrag jede Abteilung bzw. jeder einzelne zum Gesamterfolg leisten kann. Sie können, je nach Firmenkultur, ein- bis viermal jährlich stattfinden und dauern in der Regel ein bis zwei Stunden, in Ausnahmefällen auch länger.

1 **Grundlagen zum Mitarbeitergespräch bzw. zur Mitarbeiterbeurteilung: Allgemeine Hintergründe (2)**

☞ Der Vorteil für den Mitarbeiter besteht darin, dass er klare Aussagen über seine Stärken und Schwächen erhält, durch konstruktive Kritik erfährt, wo er sich steigern kann, Aufschlüsse über seine berufliche Zukunftsplanung erhält und im Einvernehmen mit seinem Vorgesetzten verbindliche Ziele vereinbaren kann.

☞ Dieses Instrument ermöglicht der Führungskraft, die bisher erbrachten Leistungen auf der Grundlage gemeinsam festgelegter Beurteilungskriterien zu beurteilen. Es hilft ihm, die Einstellungen und Sichtweisen seiner Mitarbeiter besser kennenzulernen und so von vornherein Differenzen zu klären und Missverständnisse zu bereinigen. Zudem erhält er Einblick in die Absichten und beruflichen Pläne der Mitarbeiter, das erleichtert ihm die mittelfristige Personalplanung.

☞ Das Mitarbeitergespräch wirkt sich nicht nur positiv auf das Arbeitsklima aus, es ermöglicht auch einen offenen Meinungsaustausch zwischen Führungskräften und Mitarbeitern, weil so die Fähigkeiten jedes einzelnen optimal eingesetzt werden können, steigt die Motivation insgesamt, das Unternehmen kann flexibler und besser auf von außen eintretende Veränderungen reagieren.

☞ Der Erfolg dieses Instruments lässt sich anhand verschiedener Kriterien überprüfen: Vorgesetzte und Mitarbeiter sollten aufgrund der getroffenen Zielvereinbarungen selbständiger agieren können, ihre Zusammenarbeit sollte sich verbessert, kontinuierliches Feedback eine Leistungsverbesserung ermöglicht haben und Mitarbeiter sollten ihre beruflichen Perspektiven in der Firma realistisch einschätzen können.

1 **Grundlagen zum Mitarbeitergespräch bzw. zur Mitarbeiterbeurteilung: Zielsetzungen aus 3 Perspektiven (1)**

Unternehmen
- Transparenz über Kernaufgaben und Leistungsstandards
- Verbesserung der Leistung der Mitarbeiter
- Optimierung des Personaleinsatzes und der Personalplanung durch umfassende Information über Leistungen, Potenziale und Entwicklungsbedarf der Mitarbeiter
- Entwicklung einer einheitlichen Führungskultur
- Systematisches und faires Vorgehen gegenüber allen Mitarbeitern

Führungskraft
- Erhöhung des Zielerreichungsgrades in der eigenen Abteilung
- Umfassende Informationen über Leistungen, Kenntnisse der Stärken und Entwicklungsbedarf der eigenen Mitarbeiter
- Möglichkeit zum Ausdruck von Anerkennung und Kritik
- Unterstützung und Beratung der Mitarbeiter
- Verbesserung der Kommunikation zwischen Führungskräften und Mitarbeitern

1 **Grundlagen zum Mitarbeitergespräch bzw. zur Mitarbeiterbeurteilung: Zielsetzungen aus 3 Perspektiven (2)**

Mitarbeiter
- Klarheit in Bezug auf die Erwartungen an die eigene Tätigkeit (Aufgaben und Leistungsstandards)
- Standortbestimmung und Abgleich des Selbst-/ Fremdbildes an konkreten Kriterien
- Chance zur Verbesserung der eigenen Leistung
- Chance, die persönlichen Wünsche und Entwicklungsmöglichkeiten zu besprechen
- Verbesserung der Kommunikation zwischen Führungskräften und Mitarbeitern

Bei der Mitarbeiter- und Leistungsbeurteilung haben Sie verschiedene Gesichtspunkte gegeneinander abzuwägen:

- Vergleich der erbrachten Leistung mit der vereinbarten Leistung (vereinbarte Leistungs- und Verhaltenskriterien zu den Zielen)
- Berücksichtigung des geschäftlichen Umfeldes und spezieller Umstände
- Quervergleich mit anderen Mitarbeiterinnen und Mitarbeitern
- Fundierte Prüfung der Selbsteinschätzung des Mitarbeiters
- Aktiv eingeholte und valide Einschätzungen aus dem Umfeld des Mitarbeiters

Mitarbeiter zu beurteilen ist eine *anspruchsvolle Führungsaufgabe* ...
... und nicht ein mechanistischer oder mathematischer Prozess!

Für ein erfolgreiches Leistungsbeurteilungsgespräch werden von Ihnen gefordert:

- Gesundes Urteilsvermögen
- Fairness
- Offenheit
- gute Kommunikation
- Mut zur Differenzierung

Grundlagen für eine aussagekräftige Leistungsbeurteilung:
Beurteilen als kontinuierlicher Prozess (1)

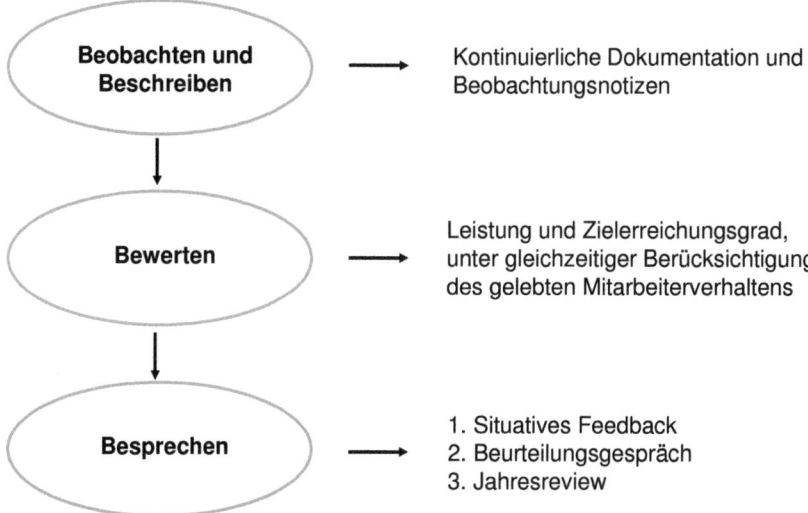

Beobachten und Beschreiben → Kontinuierliche Dokumentation und Beobachtungsnotizen

Bewerten → Leistung und Zielerreichungsgrad, unter gleichzeitiger Berücksichtigung des gelebten Mitarbeiterverhaltens

Besprechen →
1. Situatives Feedback
2. Beurteilungsgespräch
3. Jahresreview

Grundlagen für eine aussagekräftige Leistungsbeurteilung:
Beurteilen als kontinuierlicher Prozess (2)

Eine Mitarbeiterbeurteilung ist ein Spiegelbild der erbrachten Arbeitsleistung und des für die Leistungserbringung relevanten Verhaltens. Dazu muss diese Beurteilung aus den folgenden drei Stufen bestehen:

- BEOBACHTEN
Keiner kann etwas beurteilen, was er nicht kennt. Daher ist die eigene Beobachtung die Grundvoraussetzung jeder Beurteilung. Was man nur vom Hörensagen weiß, muss erst durch eigene Beobachtungen bestätigt werden, ehe es seinen Weg in eine Beurteilung findet. Beobachten (=WAHRnehmen) heisst hören und sehen können. Man muss als Führungskraft einen Blick und ein Ohr für Menschen haben. Es genügt nicht, wenn der Vorgesetzte sich den betreffenden Mitarbeiter erst dann genauer anschaut, wenn eine Beurteilung fällig ist.

- BESCHREIBEN
Aus vielen Beobachtungen gewinnt ein Beurteiler ein Bild von seinen Mitarbeitern. Dieses Bild muss bei verschiedenen Anlässen beschrieben werden, d.h. dass die Beobachtungen mit eigenen Worten erfasst und so niedergeschrieben werden, dass ein individuelles Bild dieses Mitarbeiters entsteht. Es muss zu erkennen sein, wie und welche Arbeitsleistung der Beurteilte erbrachte. Wichtig ist dabei, dass alle zur Beurteilung der Person wesentlichen Beobachtung in die Beschreibung einfließen und nicht nur bestimmte Beobachtungen herausgesucht werden. Fair und der Wirklichkeit entsprechend sollten hier die wichtigsten Beobachtungen kritisch zusammengestellt werden.

- BEWERTEN

Zuletzt werden aus den beschriebenen Beobachtungen die Folgerungen gezogen. Bei dieser Stufe des Beurteilungsvorgangs erliegt der Beurteiler häufig der Gefahr, allgemeine menschliche Werturteile zu fällen, obgleich nur die Eignung für bestimmte Tätigkeiten oder das Arbeitsergebnis beurteilt werden sollen. Bestimmte Eigenschaften eines Mitarbeiters werden häufig von dem einen Beurteiler als Mangel empfunden, die ein anderer Vorgesetzter bei einer anderen Tätigkeit gerade als Stärke ansehen würde. **Jede Beurteilung muss im Zusammenhang mit der Aufgabenstellung des Beurteilten gesehen werden.**

Eigenschaften und Fähigkeiten sind den Menschen nicht so ungleich zugeteilt, dass die einen sie haben und die anderen nicht. Es gibt also nicht nur große und kleine, kluge oder dumme, geschickte oder ungeschickte Menschen, sondern immer nur mehr oder weniger große, mehr oder weniger kluge, mehr oder weniger geschickte.

Wichtig ist, dass bei der Bewertung der rechte Maßstab angelegt wird. Dieser Maßstab kann sich bei der betrieblichen Beurteilung immer nur auf die Anforderungen am Arbeitsplatz (Anforderungsprofil) sowie auf die dem Mitarbeiter bekannt gemachten Leistungsanforderungen, z.B. in Form von Zielvereinbarungen, beziehen.

 **konkret**

 **vollständig**

 **beschreibend**

 **nachvollziehbar**

- zeitnahe Verfassung
- verhaltensnahe Verfassung
- einen ruhigen Moment wählen
- das Verfassen von Notizen ist eine Arbeitsaufgabe, die entsprechend zeitlic eingeplant werden soll, wie jede andere Aufgabe auch
- die Notizen in einem geordneten System sammeln, lose Blättersammlung vermeiden

Grundlagen für eine aussagekräftige Leistungsbeurteilung: Häufige Beurteilungs- und Wahrnehmungsfehler

- **Selektive Wahrnehmung**
  Der Beurteiler nimmt vermehrt Informationen wahr, die seine vorläufigen Urteile, bzw. Vorurteile bestätigen. Andere Informationen werden nicht beachtet.

- **Maßstabsfehler (Milde, Strenge, Mitte)**
  Die eigene Beurteilungsskala weicht von der vorgegebenen deutlich ab. Die gesamte Skala wird nicht ausgenutzt.

- **Implizite Persönlichkeitstheorien**
  Der Schluss von wenigen Eigenschaften auf viele andere wirkt sich vorurteilshaft auf die Beurteilung aus (Beispiel: korrekt gekleidet und pünktlich → ordentlich, sauber, strebsam, fleißig etc.)

- **Gewichtseffekt („Primacy-Recency-Effekt")**
  Der erste Eindruck oder etwas, was noch nicht lange zurückliegt, wird unangemessen stark berücksichtigt.

- **Kontrast-Effekt**
  Wenn gerade eine besonders positive Bewertung vorausgeht, fällt die nächste besonders kritisch aus. Wenn die eigene Person in einem Kriterium besonders hoch bewertet wird, können alle anderen nur schlechter sein.

- **Halo-Effekt**
  Eine bestimmte Eigenschaft oder ein Fehler prägt den Eindruck so stark, dass alle übrigen Beurteilungen davon beeinflusst werden.

Grundlagen für eine aussagekräftige Leistungsbeurteilung: Optimierung der eigenen Beurteilungsfähigkeit

- sich typische Beobachtungsfehler bewusst machen und die eigene Beurteilung dahingehend überprüfen

- Durchführung der Beurteilung so planen, dass man möglichst ruhig und ungestört ist

- sich über die eigene Selbsteinschätzung klar werden (z.B. besondere persönliche Stärken und Schwächen aufschreiben) und überlegen, ob und wie dies möglicherweise die Beurteilung anderer beeinflusst

- Emotionen bei der Beurteilung herausnehmen, z.B. keine Beobachtungsnotizen „im Ärger" anfertigen

- Sympathie-Antipathie herausnehmen (z. B. jeden Mitarbeiter für sich selbst auf einer Sympathieskala von 1-10 einschätzen, dann diese Einschätzung beiseite legen)

- sich an konkreten Verhaltensankern und Sachinformationen orientieren

- negative und positive Beobachtungen gleichermaßen berücksichtigen

- systematisch in regelmäßigen Abständen Beobachtungsnotizen anfertigen

2 Grundlagen für eine aussagekräftige Leistungsbeurteilung: Anforderungen an Beurteilungskriterien/-merkmale

Das Beurteilungskriterium ist der Gesichtspunkt, unter dem die Betrachtung der zu beurteilenden Leistur erfolgt. Um eine korrekte Einschätzung zu ermöglichen, müssen die Merkmale folgenden Anforderungen genügen:
• Sie müssen erheblich sein, d.h. aussagekräftiges Kennzeichnen der Leistung sein

• Sie müssen vollständig sein, d.h. allen erheblichen Kennzeichen der Leistung Rechnung tragen.

• Sie müssen voneinander unabhängig sein. Jedes Kriterium soll nur zur Beurteilung eines Kennzeichens der Leistung verwendet werden.

• Sie müssen unterscheidbar sein, d.h. von der Führungskraft wie den Mitarbeiter auseinandergehalten werden.

• Sie müssen anwendbar sein, d.h. an der zu beurteilenden Leistung erkannt werden. Diese Voraussetzung wird nur von solchen Merkmalen erfüllt, die auf Grund einer Beobachtung unmittelbar festgestellt oder mittelbar erschlossen werden können.

• Sie müssen verständlich sein, d.h. von allen Beteiligten erfasst werden können und ihnen sinnvoll erscheinen.

• Sie müssen eindeutig sein, d.h. von den Führungskräften und Mitarbeitern gleich verstanden werden. Dies wird am ehesten durch ihre genaue Umschreibung erreicht.

3 Vorbereitung der Mitarbeiterbeurteilung: Individuelle und spezifische Fragen (1)

Was weiß ich über die Aufgaben des Mitarbeiters?
- Aufgaben (einschließlich Sonderaufgaben und Projekte)
- Kompetenzen
- Verantwortlichkeit
- besondere Pflichten
- erforderliche Fertigkeiten und Kenntnisse
- Sinn und Zweck der Aufgabe
- kritische Punkte in der Aufgabe
- Änderungen der Aufgaben im abgelaufenen Zeitraum
- in- und externe Partner

Was weiß ich über den Mitarbeiter persönlich?
- Leistungsverhalten im abgelaufenen Zeitraum
- Haltung/Einstellung zur Arbeit, zu de Kollegen, zu mir als Führungskraft
- Ehrgeiz und Wünsche für die berufliche Entwicklung
- Interessenschwerpunkte (Arbeit/privat) / Neigung
- Stärken/Schwächen (z. Z. für Aufgabe wichtig/darüber hinaus)
- persönliche Besonderheiten/Eigenschaften/Eigenheiten
- außergewöhnliche Probleme (Arbeit/privat)
- worauf spricht der Mitarbeiter am liebsten an

3 Vorbereitung der Mitarbeiterbeurteilung: Individuelle und spezifische Fragen (2)

Wie waren die Ergebnisse der letzten Gespräche?
- Was wurde besprochen?
- Was waren die Kernpunkte des Gesprächs?
- Welche Arbeitsziele wurden vereinbart?
- Welcher Aktionsplan wurde vereinbart?
- Welcher Entwicklungsplan wurde erarbeitet?
- Wie hat der Mitarbeiter reagiert?

Was ist seither geschehen?
- Wurden die vereinbarten Ziele erreicht?
- Wie wurden die vereinbarten Ziele erreicht?
- Hat sich die Situation inzwischen gewandelt?
- Welche unvorhergesehenen Probleme traten auf?
- Wie hat der Mitarbeiter auf Situationen und Probleme reagiert?
- Wie hat sich der Mitarbeiter persönlich entwickelt? (siehe ggf. Trainings- und Entwicklungsplan)

3 Vorbereitung der Mitarbeiterbeurteilung: Individuelle und spezifische Fragen (3)

Wie gehe ich am besten vor?
- Wann führe ich das Gespräch am besten?
- Wie schalte ich Störungen aus?
- Wie baue ich das Gespräch auf?
- Wie eröffne ich das Gespräch?
- Auf welche Besonderheiten muss ich achten?
- Wie sehen die zu besprechenden Probleme für den Mitarbeiter aus?
- Welche kritischen Punkte sind zu erwarten („Nein"-Situationen)?
- Wann und wie mache ich meine Notizen?

3 **Vorbereitung der Mitarbeiterbeurteilung:**
Aktivierende Fragen, die an den Mitarbeiter gestellt werden können (1)

- **Aufgaben**
  - Was gefällt Ihnen an Ihrer jetzigen Aufgabe am meisten?
  - Was gefällt Ihnen an Ihrer jetzigen Aufgabe am wenigsten?
  - Kann die Arbeitsorganisation, d. h. Aufbau-, Ablauf- und Arbeitsplatzorganisation, verbessert werden
  - Benötigen Sie zusätzliche Arbeits-/Hilfsmittel?
  - Gibt es Doppelarbeiten, d. h. sind verschiedene Stellen mit ein und derselben Aufgabe betraut?
  - Wie sollte es Ihres Erachtens gelöst werden?

- **Ziele**
  - Waren Ihnen in der Vergangenheit die Arbeitsziele genügend bekannt?
  - Welche Arbeitsziele halten Sie für besonders wichtig?
  - Welche Arbeitsziele sollten Sie zukünftig haben?

- **Aufgabenerledigung**
  - Welche Umstände waren für den Erfolg Ihrer Tätigkeit förderlich?
  - Was hat Sie bei Ihrer Arbeit behindert?
  - Gibt es besondere Schwierigkeiten bei der Durchführung Ihrer Aufgabe?
  - Haben Sie die nötige Unterstützung bei Ihrer Arbeit?
  - Wenn nein, was könnte verbessert werden?
  - Können Sie selbstständig arbeiten?
  - Haben Sie ausreichende/angemessene Kompetenzen/Vollmachten?

3 **Vorbereitung der Mitarbeiterbeurteilung:**
Aktivierende Fragen, die an den Mitarbeiter gestellt werden können (2)

- **Aufgabenstellung und Fähigkeiten**
  - Können Sie in Ihrer gegenwärtigen Aufgabe Ihre Fähigkeiten voll einsetzen?
  - Wenn nicht: welche Fähigkeiten können Sie nicht nutzen?
  - Wie müsste Ihre Aufgabe beschaffen sein, damit Ihre Fähigkeiten möglichst umfassend eingesetzt werden können?

- **Berufliche Eignung und Entwicklung**
  - Können Sie bei Ihrer gegenwärtigen Aufgabe Ihre Fähigkeiten voll einsetzen?
  - Welche zusätzlichen Fachkenntnisse würden Ihnen helfen, Ihre Aufgaben noch besser zu erledigen?
  - Was kann ich für Ihre berufliche Weiterbildung tun oder veranlassen?
  - Welche Tätigkeit und welche Aufgaben, die Sie kennen, wären angesichts der vorhandenen Fähigkeiten für Sie geeigneter?
  - Welche Erwartungen und Vorstellungen haben Sie hinsichtlich Ihrer beruflichen Entwicklung im Unternehmen?
  - Was könnte in den nächsten 12 Monaten getan werden, um Ihre berufliche Entwicklung zu fördern?

3 | Vorbereitung der Mitarbeiterbeurteilung: Aktivierende Fragen, die an den Mitarbeiter gestellt werden können (3)

• **Zusammenarbeit/Arbeitszufriedenheit**
  - Werden Sie über alle Angelegenheiten ausreichend und rechtzeitig informiert, die Ihre Arbeit unmittelbar und mittelbar betreffen?
  - Was könnte verbessert werden?
  - Haben Sie die nötige Unterstützung?
  - Wenn nein, wo könnte etwas verbessert werden?
  - Wie könnte ich Ihnen mehr Unterstützung geben?
  - Sehen Sie irgendwelche innerbetrieblichen Probleme, die Sie in Zukunft an der Entfaltung Ihrer Fähigkeiten hindern könnten?
  - Wenn ja, haben Sie Vorschläge, was dagegen getan werden könnte?
  - Haben Sie das Gefühl, dass offen über Ihre Arbeitsergebnisse gesprochen wird, so dass Sie jederzeit erkennen können, was gut und was verbesserungsbedürftig ist (Anerkennung – Kritik)?
  - Ist eine freundliche, entkrampfte Atmosphäre für Gespräche vorhanden, in der Aufgeschlossenheit für persönliche Probleme herrscht?
  - Besteht in Ihrem Bereich eine Aufgeschlossenheit gegenüber Änderungsvorschlägen und neuen Ideen und wird versucht, diese zu berücksichtigen?
  - Hatten Sie Schwierigkeiten bei der Zusammenarbeit mit Vorgesetzten, Mitarbeitern und anderen Bereichen, und wie wären diese nach Ihrer Meinung zu überwinden?
  - Haben Sie Vorschläge, wie Ihre Leistungsfähigkeit und Zufriedenheit erhalten und gefördert werden könnten?

4 | Durchführung von Mitarbeitergesprächen: Gesprächsführungstechniken

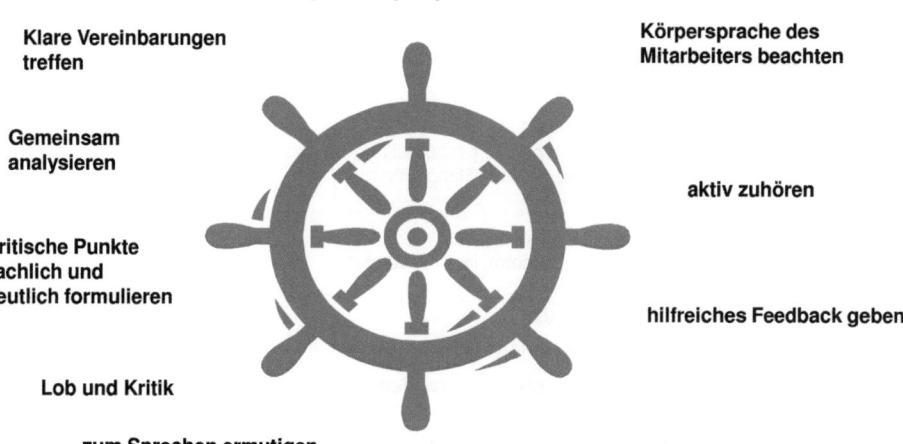

11

4 Durchführung von Mitarbeitergesprächen: Kernkompetenz „Präzises Sprechen"

- Bildhafte Sprache wählen
- Die Vorstellungskraft des Mitarbeiters nutzen: „Stellen Sie sich bitte einmal vor......"
- Mit den Worten des Mitarbeiters sprechen (Sprachniveau)
  - Fachausdrücke erläutern
  - Fremdwörter reduzieren
- Langsam und betont sprechen
  - Wichtiges stimmlich und sprachlich herausmeisseln
- Logisch und strukturiert (nachvollziehbar) sprechen
  - Argumente, Informationen..... Deutlich voneinander trennen (Pausentechnik)
- Eigenen Standpunkt – begründend – darstellen
  - Beispiele, Beweise, Erfahrungen benennen
- eindeutige Formulierungen
  - Vermeiden Sie Konjunktiverei: „Ich würde sagen...", „ich würde vorschlagen...."
  - Vermeiden Sie Weichmacher in der Aussage: „normalerweise, ziemlich, eigentlich....."
  - Vermeiden Sie, Positives negativ auszudrücken: „Das ist nicht schlecht...", das ist kein schlechter Vorschlag....."

4 Durchführung von Mitarbeitergesprächen: Kernkompetenz „Aktives Zuhören"

Durch die Art und Weise, wie wir zuhören, können wir unserem Mitarbeiter zeigen, dass wir ihn akzeptieren oder ablehnen. Aktives zuhören beruht auf einer Grundeinstellung, die unserem Gesprächspartner zu verstehen gibt: Ich will versuchen, mich in Deine Situation zu versetzen!

Aktives Zuhören heißt:

Aufmerksamkeit zeigen
- ruhiger, offener Blickkontakt
- offene, zugewandte, entspannte Körperhaltung
- ruhige, bedrohungsfreie, "echte" Stimmführung

Ermutigen
- freundliche Gesten (Kopfnicken o.ä.)
- "Türöffner" verwenden ("hmmm, ja, aha, verstehe,...")
- Pausen zulassen können
- Gegebenenfalls nachfragen

Den Gesprächspartner ausreden lassen

Wiederholen / Zusammenfassen / Überprüfen
- Hauptgedanken mit eigenen Worten wiederholen
- Kernpunkte strukturiert zusammenfassen
- Nachfragen, ob richtig verstanden

Durchführung von Mitarbeitergesprächen:
Kernkompetenz „Feedback geben und empfangen" (1)

Im Feedback teilt der eine dem anderen mit, wie er seine Äußerungen verstanden hat und wie er sich selbst erlebt. Genauso wichtig wie das Geben ist es, solche Rückmeldungen entgegennehmen zu können.

Merkpunkte für das Geben von Feedback

Feedback muss beschreibend und konkret sein
- Mitteilung eigener Wahrnehmungen und Erlebnisse

Feedback muss eindeutig sein
- keine Weichmacher
- keine Vergleiche mit anderen
- Positives positiv benennen – Negatives negativ benennen

Feedback muss ernstgemeint sein
- Konsequenzen/Auswirkungen aufzeigen
- emotional spürbar
- Ursachen und Hintergründe analysieren
- mit dem Mitarbeiter nach Lösungen suchen
- Hinarbeiten auf konkrete Vereinbarungen

Feedback muss annehmbar sein
- nicht verletzend – vermeiden von Du-Botschaften
- keine Moralpredigt
- keine Besserwisserei

Durchführung von Mitarbeitergesprächen:
Kernkompetenz „Feedback geben und empfangen" (2)

Du -Botschaften sagen etwas über das Verhalten des Anderen aus. Statt Einsicht lösen Sie häufig Rechtfertigungen, Widerstände oder Unmut aus.

> *Du -Botschaft:*
> *Sie sollten sich nicht immer so viel mit den anderen Teammitgliedern streiten.*

Ich-Botschaften sagen etwas über eigenen Erwartungen, Sichtweisen und Empfindungen aus. Sie lösen eher Fragen statt Rechtfertigungen aus. Das Gespräch bleibt konstruktiv.

> *Ich-Botschaft:*
> *Ich mache mir Sorgen über die Zusammenarbeit im Team, wenn so viele Differenzen ausgetragen werden.*

4 Durchführung von Mitarbeitergesprächen:
Kernkompetenz „Feedback geben und empfangen" (3)

Merkpunkte für das Empfangen von Feedback

- Gesprächspartner ermutigen, sich zu äußern

- Rückmeldungen auf sich wirken lassen
  aufnehmen – verarbeiten – keine Gegendarstellung

- Nachfragen, wo Rückmeldung unklar/unverständlich ist

- Gesprächspartner nach Erwartungen und Wünsche fragen

- Deutlich machen wie das Feedback wirkt

- Mitteilen, auf was man sich einlassen kann

- Sich für das erhaltene Feedback bedanken

4 Durchführung von Mitarbeitergesprächen:
Wesentliche Aspekte in der Kommunikation (1)

- Verzichten Sie auf lange Herleitungen. Sprechen Sie klar und konkret. Konzentrieren Sie sich auf die wichtigen Punkte. Halten Sie sich nicht bei Nebensächlichkeiten auf.

- Kommunizieren Sie positiv. Seien Sie optimistisch. Zeigen Sie, dass Sie Situationen, Idee und Menschen wohlwollend betrachten. Finden Sie heraus, welche Chancen in auftauchenden Schwierigkeiten verborgen liegen.

- Sprechen Sie lösungsorientiert. Fokussieren Sie die Gegenwart und die Zukunft. Betoner Sie das Veränderbare. Haften Sie nicht an der Erinnerung an die Vergangenheit und an alten Geschichten.

- Unsere Handlungen und Körper sprechen lauter als manche Worte. Unsere Gesprächspartner können uns auf Grund des Klangs unserer Stimme, unseres Blicks, unserer Körperhaltung in der Regel recht zutreffend einschätzen. Und sie können damit überprüfen, ob unsere Worte und unsere Taten übereinstimmen. Sorgen Sie für Stimmigkeit.

- Interessieren Sie sich ernsthaft für die Meinung und Ansichten Ihres Gesprächspartners.

Durchführung von Mitarbeitergesprächen:
Wesentliche Aspekte in der Kommunikation (2)

• Akzeptieren Sie, dass man jedes Problem von verschiedenen Standpunkten aus betrachten kann. Erleben Sie die verschiedenen Sichtweisen als Bereicherung des Prozesses und als Reservoir für Ideen.

• Prüfen Sie, ob Ihre Annahmen stimmen. Auch wenn Sie Ihren Gesprächspartner gut zu kennen glauben, fragen Sie nach, ob das Bild, das Sie sich gemacht haben, mit seinen wirklichen Wünschen und Ansichten übereinstimmt.

• Seien Sie bereit, auch kritische Punkte und heiße Eisen anzusprechen, auch wenn dies bei Ihrem Gegenüber für Unruhe sorgt. Der Preis, Ärger zu vertuschen, kann sehr hoch sein.

• Akzeptieren Sie keine verdeckten Gesprächsthemen. Wenn Sie Anzeichen unterschwelliger Themen zu bemerken glauben, versuchen Sie durch taktvolles Fragen, durch ICH-Botschaften und Rückmeldungen zum Kern der Sache vorzudringen.

• Akzeptieren Sie die Gefühle Ihres Gesprächspartners. Anstatt zu bewerten versuchen Sie seine Motive zu verstehen. Dies bedeutet nicht, dass Sie destruktives Verhalten hinnehmen müssen.

Durchführung von Mitarbeitergesprächen:
Wesentliche Aspekte in der Kommunikation (3)

• Benutzen und akzeptieren Sie keine Ausreden. Sagen Sie offen, wenn Sie etwas tun möchten und/oder warum Sie dies nicht tun möchten.
Versuchen Sie auf respektvolle Weise herauszufinden, wo die wirklichen Gründe liegen, wenn sich Ihr Gegenüber an bestimmten Aktivitäten nicht beteiligen möchte.

• Fragen Sie Ihren Gesprächspartner, was im Verlauf des Gesprächs besonders wichtig geworden ist.

• Seien Sie sich Ihrer eigenen Körpersprache bewusst. Nehmen Sie eine offene und zugewandte Körperhaltung ein.

• Beachten Sie die Körpersprache des Mitarbeiters (z. B. signalisieren eines Sprechwunsches durch Bewegung des Körpers nach vorn)

• Hören Sie aktiv zu: Zeigen Sie Aufmerksamkeit (Blickkontakt, Kopfnicken). Lassen Sie den Mitarbeiter ausreden. Halten Sie Pausen aus. Fassen Sie ggf. zusammen und wiederholen Sie mit eigenen Worten, was der Mitarbeiter gesagt hat

4 **Durchführung von Mitarbeitergesprächen:**
Wesentliche Aspekte in der Kommunikation (4)

• Geben Sie hilfreiches Feedback: Beschreiben Sie Verhalten und vermeiden Sie eine Bewertung der Persönlichkeit. Nehmen Sie Bezug auf konkrete Beispiele und Beobachtungen.

• Stellen Sie (offene) Fragen.

• Seien Sie offen für die Sichtweise Ihres Mitarbeiters und seine Argumente. Ermutigen Sie den Mitarbeiter, seine Sichtweise / Einschätzung zu schildern. Fragen sie nach um, seine Sichtweise möglichst genau zu verstehen

• Sprechen Sie Anerkennung und Kritik in einem angemessenen Verhältnis aus.

• Nutzen Sie die positiven Leistungen als Ansatzpunkt für die Gesprächsführung.

• Sprechen Sie kritische Punkte sachlich und deutlich an (Reden sie nicht „um den heißen Brei" herum). Analysieren Sie gemeinsam die Ursachen. Treffen Sie klare Vereinbarungen.

4 **Durchführung von Mitarbeitergesprächen:**
Wesentliche Aspekte in der Kommunikation (5)

• Wenn Ihre Einschätzungen von denen des Mitarbeiters abweichen, dann

   • nehmen Sie die Einschätzung des Mitarbeiters ernst, fragen Sie genau nach und analysieren Sie gemeinsam die Gründe für die unterschiedliche Wahrnehmungen

   • bringen Sie ggf. zum Ausdruck, das dieser oder jener Aspekt für Sie neu ist

   • signalisieren Sie ggf., dass Sie bereit sind, Ihre eigene Einschätzung noch einmal ː hinterfragen

   • nehmen Sie die abweichende Einschätzung des Mitarbeiters als Kommentar auf uɪ danken Sie ihm für die Offenheit.

Lob und Anerkennung:
Merkpunkte (1)

• Loben Sie nicht wahllos und zu oft: Wenn Sie täglich alles und jeden loben, verliert das Lob seine Wirkung.

• Loben Sie ehrlich. Ein Lob wirkt nicht, wenn der Gelobte einen heimlichen Widerwillen bzw. eine verborgene (taktische) Absicht spürt.

• Loben Sie uneingeschränkt. Vermeiden Sie etwa diesen typischen Lobzerstörer: „Die Leistung könnten Sie häufiger bringen."

• Loben Sie nicht überschwänglich (es sei denn, Sie sind ehrlich begeistert). Ein spürbar zu dick aufgetragenes Lob verliert an Wert.

• Missbrauchen Sie Anerkennung nicht als verkappte Entschuldigung für ein früheres Fehlverhalten von Ihrer Seite (wie etwa unberechtigte oder zu harte Kritik).

• Loben Sie nicht, um von offensichtlichen Nachteilen, die Mitarbeiter im Unternehmen haben, abzulenken (schlechte Arbeitsbedingungen, überlastet, unterbezahlt).
Generell: Lob als ehrliche Anerkennung und Motivation funktioniert nur in einem gesunden Unternehmensklima und ist kein Ersatz für betriebliche Mängel.

Lob und Anerkennung:
Merkpunkte (2)

• Loben Sie am richtigen Ort. Manchen Menschen ist es peinlich, öffentlich gelobt zu werden, andere sind gerade darauf besonders stolz.

• Achten Sie darauf, öffentliches Lob für einen Mitarbeiter nicht mit Herabsetzung oder Tadel für andere zu verbinden oder unbeabsichtigt eine solche Wirkung zu erzielen.

• Loben Sie nicht pauschal („Das haben Sie gut gemacht"), sondern erwähnen Sie konkret die besondere Leistung des Mitarbeiters.

• Machen Sie Ihr Lob nachvollziehbar – z. B. indem Sie die positive Wirkung der Leistung für das Unternehmen erwähnen.

6 Konstruktive Kritik:
Häufige Fehler beim Kritisieren (1)

1. Negative Gefühle: Gehen Sie nicht mit Vorurteilen gegenüber Ihrem Mitarbeiter in das Kritikgespräch Negative Gefühle stören nur die Beziehungsebene – Ihr Gegenüber wird dies in seinem Unterbewusstsein spüren.

2. Zu großer zeitlicher Abstand: Suchen Sie sobald wie möglich nach der zu kritisierenden Situation das Gespräch. Manche Führungskräfte machen den Fehler, zu lange mit ihrer Kritik zu warten. Sie sammeln Fehler oder Fehlverhalten und holen irgendwann – wenn ihnen der Kragen platzt – zum große Rundumschlag aus. Derart in die Ecke gedrängt muss sich der Mitarbeiter einfach verteidigen. Halten Sie mit Ihrer Kritik nicht zu lange hinter dem Berg und geben Sie dem Mitarbeiter die Chance, in kleineren Schritten sein Verhalten zu verändern.

3. Emotionale Vorwürfe: Gehen Sie nie in ein Gespräch, wenn Sie selbst noch emotional erregt sind. Damit überlagern Sie nicht nur unnötig die sachliche Schilderung des eigentlichen Problems, sondern es führt auch in den meisten Fällen zur Eskalation – und damit ist niemandem geholfen.

4. Kritik vor anderen: Sie erreichen in der Regel mit einem solchen Verhalten nichts, denn Ihr Mitarbeiter fühlt sich dadurch gedemütigt und wird innerlich auf Konfrontationskurs gehen.

5. Handeln auf Grund von Vermutungen oder Hinweisen Dritter: Kritisieren Sie nur, wenn Sie auch konkrete Fakten besitzen.

6 Konstruktive Kritik:
Häufige Fehler beim Kritisieren (2)

6. Unspezifisches Feedback: Ihr Mitarbeiter kann sein Verhalten nur dann ändern oder verbessern, we er auch genau weiß, was daran falsch war.

7. Ungenaue Darstellung der Fehlerwirkung: Nur wenn Sie genau beschreiben, was die (Aus-)Wirkungen des Fehlers sind, wird er Ihre Kritik auch verstehen und annehmen.

8. Keine Gelegenheit zur Stellungnahme: Geben Sie Ihrem Mitarbeiter immer ausreichend Gelegenhe seinen eigenen Standpunkt darzulegen.

9. Offener Gesprächsausgang: Schließen Sie jede Kritik mit einer klaren Zielvereinbarung ab. Halten Sie das Ergebnis ggf. in einer kurzen schriftlichen Notiz fest, so dass Ihr Mitarbeiter und Sie f die Zukunft eine Orientierungshilfe haben.

Konstruktive Kritik:
Die 3 W´s (1)

Das 1. „W" steht für die Schilderung Ihrer **Wahrnehmung.**
Hier beschreiben Sie möglichst exakt den Sachverhalt, um den es geht. Suchen Sie nicht krampfhaft nach einem positiven Einstieg. Machen Sie dem Mitarbeiter dabei klar, dass „nur" ein bestimmtes Verhalten in einer bestimmten Situation Gegenstand der Kritik ist. Wenn Ihr Mitarbeiter einsieht, dass nicht sein ganzes Verhalten kritisiert wird, haben Sie in aller Regel eine gute Basis für ein Gespräch geschaffen.

Das 2. „W" steht für die **Wirkung**, die der Sachverhalt auf das Ergebnis oder Verhalten einer anderen Person hat:
Viele Führungskräfte machen den Fehler, die Sachlage nicht exakt genug zu beschreiben. Nennen Sie die Dinge klar und deutlich beim Namen, also nicht: „Sie kommen manchmal zu spät", sondern: „Sie sind 4-mal zu spät gekommen, und zwar am ... " Durch die genaue Beschreibung der Situation merkt Ihr Mitarbeiter, dass es Ihnen ernst ist.
Scheuen Sie sich auch nicht davor, die Wirkung des Verhaltens auf Ihre Person zu beschreiben. Dadurch sprechen Sie den Mitarbeiter auf der emotionalen Ebene an. Wenn Sie sich beispielsweise geärgert haben, dann sagen Sie ihm dies auch. Das Gleiche gilt, wenn Sie sich gestört, enttäuscht oder gar verletzt fühlen. Fragen Sie auch immer Ihren Mitarbeiter, ob er Ihre Gefühle nachvollziehen kann. Wenn das nicht der Fall ist, liegt das häufig daran, dass Sie den Sachverhalt nicht klar genug beschrieben haben.

Konstruktive Kritik:
Die 3 W´s (2)

Das 3. „W" steht für Ihren **Wunsch** an den Mitarbeiter, das heißt, was Sie von Ihrem Mitarbeiter in Zukunft erwarten. Verlangen Sie dabei nichts Unmögliches. Vereinbaren Sie lieber kleine Schritte, so dass der Mitarbeiter und Sie den Erfolg schneller sehen können. Vermeiden Sie zudem zu viele Vorgaben. Fragen Sie Ihren Mitarbeiter besser, wie er sich vorstellt, das Ziel zu erreichen. Auch hier gilt: Eine Selbstverpflichtung ist motivierender als äußerer Zwang.

7   Nachbereitung des Mitarbeitergespräches
Wichtige Checkfragen

- Habe ich in diesem Gespräch die Bereitschaft des Mitarbeiters geweckt/gefestigt, mit mir zusammenzuarbeiten?

- Habe ich Widerstand erzeugt?
  Wenn ja, wie hätte ich mich ausdrücken müssen, um diese Reaktion zu vermeiden?

- Habe ich dem Mitarbeiter genügend Zeit gegeben, seine eigenen Ansichten zum Ausdruck zu bringen?

- Habe ich ihn sicherer gemacht, anstatt ihn unsicherer zu machen?

- Versteht er genau, was von ihm, erwartet wird?

- Habe ich ganz konkrete Vorschläge gemacht , wie er sich selbst und sein Arbeitsgebiet weiterentwickel kann?

- War es „unser" Gespräch oder muss sich der Mitarbeiter manipuliert fühlen?

- Habe ich irgend etwas versprochen, von dem ich nicht sicher bin, ob ich es halten kann?

- Wie wäre meine Reaktion gewesen, wenn ich als Gesprächspartner auf der anderen Seite gesessen hätte?

8   Umgang mit kritischen Gesprächssituationen:
Konstruktiver Umgang (1)

Gesprächshürde	Tipps
Redefluss des MA stoppen	▪ Thema zurückstellen und neu terminieren ▪ Themen aufnehmen / aufschreiben, strukturieren, Was wollen / sollten wir heute bearbeiten?
Reaktion auf Ausflüchte **z. B. Verweis auf andere Abteilung**	▪ klare Vereinbarungen für die Zukunft treffen ▪ konkret nachfragen, nachhaken ▪ auf die eigene Verantwortung hinweisen / diese einfordern
Gespräch eskaliert, „kommt ggf. zum Bruch"	▪ Zynismen nicht zynisch beantworten ▪ ggf. auf Metaebene gehen ▪ Killerphrasen vermeiden – Unrat vorbeischwimmen lassen
Commitment des MA zur Zielvereinbarung erreichen	▪ realistische Ziele ▪ bei Veränderungen im Laufe des Jahres Ziele anpassen
Umgang mit Emotionen (Tränen)	▪ Pause ▪ Grenzen beachten (Taschentuch, Glas Wasser ist o.k.), ▪ nicht aufweichen lassen ("ist ja alles nicht so schlimm", "so habe ich es nicht gemeint") ▪ ggf. Gespräch beenden

Umgang mit kritischen Gesprächssituationen:
Konstruktiver Umgang (2)

Gesprächshürde	Tipps
Gespräch geht nicht zu Ende	• vor dem Gespräch: Zeitraster • im Gespräch: - mit dem MA Zeitfenster vereinbaren - Wechsel auf die Metaebene „Wir drehen uns im Kreis" - eng an den Gesprächszielen bleiben
Umgang mit negativer Kritik	• Feedbackregeln beachten • Wahrnehmung checken: MA fragen, was vereinbart / rückgemeldet
Öffnen „gehemmter Mitarbeiter"	• offene Fragen • aktives Zuhören • Pausen aushalten können
Unterschiede in der Beurteilung	1. Gute Vorbereitung und Begründung (konkrete Beobachtungen) 2. Sachliche Überprüfung (Begründung des MA einholen...) 3. MA kann abweichenden Kommentar schriftlich fixieren

Literaturhinweise:

Doppler, K./Lauterburg, C.:
Change Management: Den Unternehmenswandel gestalten,
Frankfurt a. M. 1995

Liebel, H. J./Oechsler, W. A.:
Personalbeurteilung – Neue Wege der Verhaltens und
Leistungsbewertung,
Wiesbaden 1992

Neuberger, O.:
Führen und geführt werden,
Stuttgart 1995

Wildemann, B.:
Professionell Führen,
Neuwied 1999

BEI GRIN MACHT SICH IHR WISSEN BEZAHLT

- Wir veröffentlichen Ihre Hausarbeit,
  Bachelor- und Masterarbeit

- Ihr eigenes eBook und Buch -
  weltweit in allen wichtigen Shops

- Verdienen Sie an jedem Verkauf

Jetzt bei www.GRIN.com hochladen und kostenlos publizieren